¿QUÉ
QUIERES
SABER?

# SUPERGENIOS

Papel certificado por el Forest Stewardship Council®

Primera edición: noviembre de 2023

© 2023, H. M. Zubieta
© 2023, Penguin Random House Grupo Editorial, S. A. U.
Travessera de Gràcia, 47-49. 08021 Barcelona
© 2023, Juanje Infante, por las ilustraciones
Diseño del logo: Celeste Rodríguez de Bobes
Diseño de cubierta: Penguin Random House Grupo Editorial / Silvia Blanco

*Printed in Spain* – Impreso en España

ISBN: 978-84-19507-58-7
Depósito legal: B-15.618-2023

Compuesto en Punktokomo, S. L.
Impreso en Gómez Aparicio, S. L.
Casarrubuelos (Madrid)

AL07587

# H. M. ZUBIETA

¿QUÉ QUIERES SABER?

# SUPERGENIOS

## VOLCANES, TORNADOS Y TSUNAMIS

ILUSTRACIONES DE **JUANJE INFANTE**

ALFAGUARA

# EL COLEGIO

**¡Se acabó el verano!** Pero Alejo no estaba triste por volver al cole, porque esto significaba encontrarse otra vez con sus amigos Mar, Bruna y Teo. Tenía **muchas ganas** de verlos y, sobre todo, ¡de contarles lo chulas que habían sido sus vacaciones!

—¡Teooo! ¡Brunaaa! —gritó al salir al patio y correr a abrazarlos—. ¡Maaar! ¡Os he echado un montón de menos!

—¡Mirad qué moreno estoy! —presumía Teo—. He ido a la **playa**, ¡a saltar olas!

—Yo a la **montaña** —dijo Bruna—. No había playa, sino un río.

—¡Jooo, a mí no me dejan saltar las olas! —protestó Mar—.
Dicen que soy demasiado bajita y que me harán aguadillas. ¡Pero
a mí me gustan las olas!

—A mí también, es mi parte favorita del mar... ¡Sobre todo cuando
son enormes! Una era tan tan tan grande que parecía un tsunami.

Los amigos de Teo se quedaron confusos ante esa palabra.

—Es como una ola muuuy grande —intentó
describir Teo—. Tan grande que el agua llega hasta
las casas y las carreteras y lo inunda todo.

Mar se quedó entusiasmada:

—¡Hala! Yo quiero saltar una de esas...

Entonces Bruna dijo:

—¡Pues yo vi un tsunami en el río!

—¿Cómo vas a ver uno en el río? Ocurren en el mar, y además solo en Japón —dijo Teo.

—¡Que sí lo he visto! —se empeñó Bruna—. Fue justo así: el agua salió del río e inundó la huerta, el parque, el campo de fútbol...

—Pero los tsunamis son peligrosísimos, se llevan a la gente y se ahogan, ¡no puede ser!

A todo esto, Alejo aún no había contado sus vacaciones, y ahora no iba a ser menos que sus amigos:

—¡Yo también!

¡PUES YO VI UN TSUNAMI EN EL RÍO!

—Tú también ¿qué? —dijo Mar.

—**¡Yo también vi un tsunami!** Y no fue en Japón, sino en Vigo, ¡en Galicia! Era igual que en las pelis: por la mañana, la playa llegaba lejísimos, ¡y por la tarde ya no estaba! Las olas se la habían comido entera.

Bruna aprovechó para insistir:

—¿Ves, Teo? ¡No lo sabes todo! Si puede haber **tsunamis en Vigo**, ¿por qué no en el río de mi pueblo? ¿Eh?

Teo se quedó pensativo. ¿Quién tenía razón? **¿Podía haber maremotos en un río?** ¿Se llamarían «riomotos»? Sus amigos estaban tan convencidos de que sí, que...

¡YA LO TENGO! ¡VAMOS A PREGUNTARLE AL SUPERORDENADOR!

8

Los cuatro amigos corrieron a **la biblioteca**. Allí los esperaba el **ordenador** que respondía todas sus dudas con su supertecnología. Alejo tecleó:

«¿Puede haber tsunamis en los ríos?».

Y el ordenador respondió:

«¡Qué pregunta más interesante! La podréis contestar vosotros mismos, porque os voy a enseñar qué es un tsunami... ¡desde dentro!».

**¡Todo empezó a temblar de repente!** Las paredes, el techo... ¡y el suelo! ¡Temblaba tanto que se partió por la mitad! Se formó una **inmensa grieta**, como si al planeta Tierra le hubiera salido una boca, ¡y se los tragó!

# ¡TERREMOTO!

¡Alejo, Mar, Bruna y Teo estaban en **el interior de la Tierra**! Todo a su alrededor era roca, arena y piedra, que temblaba y retumbaba como una **lavadora centrifugando**. Bajaban por una grieta, cada vez más profunda; cuanto más descendían, más se movía todo y más vueltas daban.

Para saber por qué hay terremotos, primero tenemos que entender cómo funciona la Tierra. **¡Tiene varias capas!** La más

¡QUÉ MAREOOO!

«TERREMOTO» SIGNIFICA 'TIERRA QUE SE MUEVE' (Y NO «MOTO DE TIERRA»).

¡ES UN TEMBLOR DE TIERRA!

profunda es el **núcleo**, después está el **manto** y por último la **corteza**, como el pan.

La corteza de la Tierra está dividida en trozos, llamados **placas tectónicas**, que se mueven y se golpean entre sí. Es como si el manto, que es más caliente y líquido que la corteza, fuera un río y las placas fueran hojas que lleva la corriente... Solo que encima de cada hoja hay **¡un continente entero!**

¡QUE ME PILLAAA!

SE MUEVEN MUY DESPACIO, UNOS 10 CENTÍMETROS AL AÑO COMO MUCHO.

Cuando una placa **choca** con otra, se «arrugan». ¡Así se crean las **montañas** y los **valles**! Y también, claro está, ¡los terremotos!

La mayor cantidad de terremotos suele darse en los sitios donde las placas se chocan con sus **placas vecinas**. Por ejemplo, son habituales en las orillas del **océano Pacífico**, porque casi todo este océano es una sola placa, ¡y se da golpes con las que están al lado, en **América** y **Asia**!

¡POBRE OCÉANO!

EL LUGAR SUBTERRÁNEO DONDE SE CHOCAN **LAS PLACAS ES EL HIPOCENTRO**.

Dependiendo de lo **fuerte** que haya sido el golpe y a cuánta **profundidad** suceda, el terremoto será más o menos grave, y a esto se le llama «**magnitud**», que va de **0 a 10 puntos**. Esta fuerza se transmite a través de la corteza terrestre, como las ondas que hace una piedra al caer en el agua.

EL PUNTO DE LA SUPERFICIE QUE ESTÁ JUSTO ENCIMA, DONDE LLEGAN LAS ONDAS, ES EL EPICENTRO.

¡TODOS A CUBIERTOOO!

## EL GRAN TERREMOTO DE CHILE

Fue el **megaterremoto** más fuerte del mundo y ocurrió en Valdivia, en 1960.

Duró **14 minutos**.

Su **magnitud** fue de 9,6.

Provocó más de **dos millones de víctimas**. Del impacto, las placas tectónicas **se juntaron ¡40 metros!**

En los países donde hay terremotos a menudo, las casas están construidas con una especie de **muelles** dentro de las paredes; así, si la tierra tiembla, en vez de desmoronarse y venirse abajo, la casa también **temblará**, pero no se caerá entera.

En Japón, por ejemplo, están tan acostumbrados a los terremotos que, cuando hay uno y las personas están en el cole, se meten **debajo de las mesas**, ¡pero siguen dando clase!

QUE HAYA UN TERREMOTO, BUENO.... PERO DAR MATES MIENTRAS, ¡NOOO!

DENTRO DE LA TIERRA HACE TANTO CALOR Y PRESIÓN QUE LAS ROCAS SE VUELVEN LÍQUIDAS.

El **magma** está a más de ¡mil grados centígrados! Se suele formar en las grietas entre placas tectónicas, que se denominan **fallas** (no confundir con las Fallas de Valencia, que son distintas, aunque también hay fuego). Por estas **grietas**, el magma fluye y la presión lo empuja hacia arriba...

Cuando las fuerzas de la Tierra lo empujan tanto que sale a la superficie, el magma se convierte en... ¡lava!

# VOLCANES

Los cuatro amigos viajaban por la **corriente de magma** del interior de la Tierra, ¡menos mal que el superordenador los protegía de quemarse! La roca líquida **hervía** como el agua en una olla y saltaban **burbujas**, pero el gas no tenía hacia dónde ir. Por algún lado, tarde o temprano, tendrían que escapar el magma y los **gases**, igual que los de la barriga...

LOS ESPACIOS SUBTERRÁNEOS BAJO UN VOLCÁN DONDE SE ACUMULA EL MAGMA SE LLAMAN CÁMARAS.

YO TENGO ERUPCIONES DE ESAS CUANDO COMO GARBANZOS, ¡JO, JO, JO!

Si se juntan **el magma y el gas** que ya no caben en las cámaras situadas bajo tierra, hay tanta presión que tiene que reventar... **¡Y se produce la erupción de un volcán!**

Por la chimenea del volcán, que es el tubo por el que escupe lava, salen más elementos: gases, humo, pedazos de roca, ceniza... ¡Una explosión!

AL AIRE, LAS ROCAS LÍQUIDAS SE VUELVEN SÓLIDAS, COMO LA CERA DE UNA VELA.

LA MONTAÑA DEL VOLCÁN ESTÁ HECHA DE LAVA QUE SE HA ENFRIADO Y ENDURECIDO.

La nube de ceniza y gases ardiendo es más peligrosa que la propia lava, porque viaja mucho más rápido. La lava, en cambio, es viscosa y lenta, aunque no se detiene a su paso.

Hace casi 2.000 años, la ciudad romana de Pompeya fue destruida por una erupción volcánica, pero no fue por la lava, sino por la **ilustración** . El humo envenenó a la gente que lo respiraba, y la ceniza enterró la ciudad tan profundamente que nadie supo que estaba ahí hasta el siglo XVI. ¡Se **conservó** todo tan bien que hoy tenemos incluso cuadros, grafitis y hogazas de pan de la antigua Pompeya!

> EN ESE GRAFITI PONE...
> ¿PROHIBIDO HACER CACA EN
> EL DEPÓSITO DE AGUA?
> ¡PUAJJJJ!

UN VOLCÁN PUEDE ESCUPIR CENIZA HASTA **32 KILÓMETROS EN LÍNEA RECTA HACIA ARRIBA.**

¡TAMBIÉN PUEDE LANZAR ROCAS DE VARIAS TONELADAS A MÁS DE UN KILÓMETRO!

¡AY, AY, AY, QUE VIENE!

Como **consejo general**, si alguna vez un volcán entra en erupción lo bastante cerca como para verlo desde donde estáis..., **¡salid corriendooo!**

La lava que cae al suelo se llama colada, y si a tu casa le pilla delante..., ¡toca mudarse!

## ERUPCIÓN DEL VESUBIO

Ocurrió en Italia, en el **año 79 d. C.**

Duró unas **20 horas. Destruyó ciudades** a más de 10 kilómetros.

Ha entrado en erupción cincuenta veces más, **la última en 1944.**

La fuerza de una erupción volcánica se clasifica en una escala que se llama **índice de explosividad volcánica** o VEI, en inglés. Va del 0 al 8 y mide cuánta lava y cenizas ha escupido, a cuánta altura y cada cuánto tiempo.

Hay **volcanes explosivos**, que son los que revientan como una bomba y hacen mucho daño, y también **volcanes efusivos**,

¡QUÉ MIEDO!

UN VOLCÁN CON UN ÍNDICE DE EXPLOSIVIDAD MUY BAJO ES EL KĪLAUEA DE HAWÁI, QUE LLEVA ECHANDO LAVA ¡300.000 AÑOS! (TENÍA UN VEI DE 0).

UN VOLCÁN CON UN ÍNDICE DE EXPLOSIVIDAD ALTÍSIMO FUE EL LAGO TOBA DE INDONESIA, QUE CASI EXTINGUE A LA HUMANIDAD HACE 75.000 AÑOS (TENÍA UN VEI DE 8).

que sueltan gases y lava poco a poco, como el que se deja un grifo abierto, sin tanto drama.

Hay volcanes tan poderosos que sus gases invadieron toda la atmósfera y provocaron **«inviernos volcánicos»**: bajaron las temperaturas, murieron las plantas... El año 1816 fue «el año sin verano» por la erupción del Tambora.

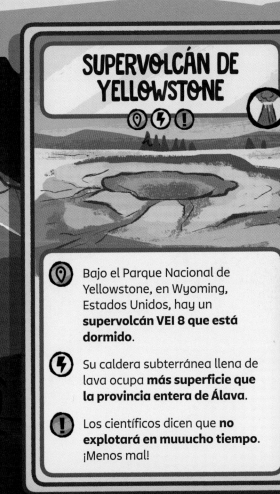

## SUPERVOLCÁN DE YELLOWSTONE

Bajo el Parque Nacional de Yellowstone, en Wyoming, Estados Unidos, hay un **supervolcán VEI 8 que está dormido.**

Su caldera subterránea llena de lava ocupa **más superficie que la provincia entera de Álava.**

Los científicos dicen que **no explotará en muuucho tiempo.** ¡Menos mal!

Las **explosiones** de los mayores volcanes son tan fuertes que cambian todo el terreno a su alrededor. Abren **agujeros** y levantan **montañas**, crean **islas** como las Canarias, Islandia o Hawái, ¡y cubren todo de lava y cenizas!

Las **islas Canarias** se formaron hace unos 25 millones de años: la lava de los volcanes que brotaba en el fondo del mar se fue enfriando y acumulando en montañas, y acabaron saliendo a la superficie como islas.

EL TEIDE ES EL PICO MÁS ALTO DEL TERRITORIO ESPAÑOL, SE ENCUENTRA EN TENERIFE, ¡Y ES UN VOLCÁN ACTIVO!

¿LAS ISLAS CANARIAS SON VOLCANES? ¿VAN A EXPLOTAR?

HAY MÁS DE 30 VOLCANES EN LAS CANARIAS, **Y LA ÚLTIMA ERUPCIÓN FUE EN 2021.**

¡ME ACUERDO DE VERLO EN LA TELE!

Desde entonces, ha habido **muchísimas erupciones**. En 2021, en la isla de La Palma, el volcán de Tajogaite entró en erupción durante tres meses seguidos.

Mucha gente perdió sus casas y tuvo que huir, que es lo único que podemos hacer ante tantos desastres naturales: **no podemos controlar la naturaleza**, aunque queramos.

Los volcanes son terroríficos, sí, pero gracias a ellos tenemos **lugares impresionantes** como el parque nacional de Timanfaya, en Lanzarote, ¡que estuvo en erupción seis años!

Los **volcanes submarinos** pueden formar islas, crear ecosistemas únicos en el fondo del mar... y, por supuesto, afectar al agua y a las olas. Todo **movimiento sísmico**, que es como se llama cuando la corteza terrestre se mueve bruscamente, forma **olas** en el mar, igual que cuando removemos en una olla con un cucharón.

ENTONCES, CUANDO UN VOLCÁN EXPLOTA EN EL MAR, ¿CREA ISLAS?

HAY MÁS DE UN MILLÓN DE VOLCANES **SUBMARINOS EN LA TIERRA.**

El volcán en el que estaban los cuatro amigos ya no aguanta más y... ¡entra en erupción! Mar, Bruna, Teo y Alejo salen disparados por la boca del volcán y vuelan por los aires: bajo ellos, una isla volcánica escupe fuego en medio del océano. La tierra tiembla por todas partes y la **onda expansiva** de la explosión sacude el mar...

¡MIRAD CÓMO VUELOOO!

## MAUNA KEA,
### UN VOLCÁN MÁS GRANDE QUE EL EVEREST

Forma la isla de Hawái. Su nombre **significa «montaña blanca»**, por la nieve de su cima.

**Sobresale del mar 4.000 metros**, pero, si contamos su tamaño desde el fondo marino, ¡son más de 10.000 metros!

Es sagrado según la religión del pueblo nativo hawaiano, y por eso **escalarlo es tabú para quienes creen en ella.**

# TSUNAMIS

Los volcanes y los terremotos pueden provocar tsunamis, pero también ocurren por otros motivos: por un **desprendimiento de tierra** que caiga al mar, por una **explosión submarina** ¡o incluso por un **meteorito**!

En los tsunamis se desplaza el agua de golpe, en forma de ola gigante, como si le diéramos un empujón al agua para salpicar a alguien en una piscina.

EN JAPONÉS, «TSUNAMI» SIGNIFICA 'OLA DEL PUERTO', PORQUE ERAN OLAS INMENSAS QUE ENTRABAN POR EL PUERTO Y **ARRASABAN LAS CIUDADES.**

¡BAH! ¡YO NO LES TENGO MIEDO!

¡NI YO! SI HAY UN TSUNAMI, SALTARÉ LAS OLAS Y NO ME AHOGARÉ.

Normalmente **no es una sola ola**, sino muchas seguidas, igual que las ondas al lanzar una piedra a un lago.

Son mucho más **peligrosos** de lo que puede parecer y, además, no hay manera de pararlos ni de prevenirlos. Lo que sí podemos hacer para sobrevivir a un tsunami es **avisar lo más pronto posible** en cuanto se detecte, para **evacuar** a la gente que vive cerca de la costa y salvarla.

UN TERREMOTO ES UN MOVIMIENTO DE TIERRA Y UN MAREMOTO ES UN MOVIMIENTO DE MAR.

SE DETECTAN MEDIANTE LOS MOVIMIENTOS SÍSMICOS, ¿A QUE SÍ?

Si vives en una zona de peligro de tsunamis, sabrás reconocer la **señal** principal de que se acerca uno: **el mar se retira de la playa** mucho, pero MUCHO, como si estuviera tomando carrerilla para saltar encima de la tierra.

Cuando un tsunami está **en alta mar**, la ola parece pequeña en comparación, porque se está moviendo toda el agua a la vez,

¡ESO ES LO QUE PASÓ EN VIGO! ¡LA PLAYA SE FUE SUPERLEJOS!

EL AGUA PUEDE ALEJARSE CIENTOS DE METROS DE LA ORILLA.

¿PERO A QUE LUEGO NO VINO UNA OLA ASESINA ENORME?

LA MEJOR FORMA DE SALVARSE ES SUBIENDO A UNA COLINA, **UNA MONTAÑA O UN LUGAR ELEVADO.**

## TSUNAMI DEL OCÉANO ÍNDICO DE 2004

**Fue el tsunami más mortal** de la historia y afectó a más de veinte países.

**Las olas llegaron a medir treinta metros,** ¡como un edificio de diez pisos!

Lo provocó el tercer terremoto submarino más fuerte del mundo, de **magnitud 9,1**.

desde la superficie al fondo. Pero, al llegar a la orilla, la ola sigue siendo igual de alta que antes, arrastrando la misma cantidad de agua, **¡y se lo carga todo!** Puede destruir árboles, vehículos y edificios enteros.

Los **tsunamis** son comunes donde hay **más terremotos**, y ya hemos dicho que la mayoría de los terremotos, volcanes y demás se producen en **las fallas entre placas tectónicas**; sobre todo, en las que rodean el océano Pacífico.

Por eso la palabra «tsunami» es japonesa, ¡porque allí hay muchos! Sin embargo, no es el único sitio de la Tierra donde suceden.

¡En el mar Mediterráneo y el océano Atlántico también hay **maremotos**! Por ejemplo, en el golfo de Cádiz ha habido tsunamis desde la prehistoria, y el último fue en el año 1755, por un gran terremoto que hubo en Portugal. El agua del mar subió por el Guadalquivir e invadió Doñana.

PODRÍA HABER UN TSUNAMI EN CÁDIZ ¡CADA 500 AÑOS!

## TSUNAMI DE ALASKA, EL MAYOR DEL MUNDO

Lo causó en 1964 el segundo terremoto más fuerte jamás registrado, de **magnitud 9,2**.

**La ola más grande midió 67 metros**, como el ancho de un campo de fútbol.

¡Aún hay **«bosques fantasma»** que quedaron congelados por el frío tras la ola!

No hay que confundir los tsunamis con otras cosas que ocurren en el océano. Las **olas normales** las produce el viento, y pueden llegar a ser bastante altas cuando hay tempestad, ¡pero no son maremotos! Tampoco lo son **las mareas**, que suben y bajan... ¡porque la fuerza de gravedad de la Luna y del Sol tira de ellas!

El **nivel del mar** también puede subir muy lentamente, a lo largo de años o siglos, si se funde el hielo de los polos y se

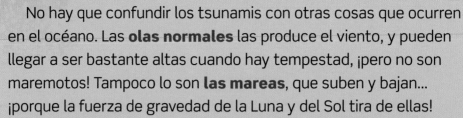

LAS MAREAS VIVAS SON COMUNES EN EL NORTE DE LA PENÍNSULA IBÉRICA, **¡PUEDEN SUBIR Y BAJAR 5 METROS!**

CUANDO HAY LUNA NUEVA O LUNA LLENA, SON MUCHO MÁS FUERTES Y SE LLAMAN MAREAS VIVAS.

ENTONCES ¿LO QUE VIMOS EN VIGO FUERON MAREAS VIVAS? ¡YO QUERÍA QUE FUERA UN TSUNAMI!

convierte en agua. Esto es peligroso para los países costeros, pero no es rápido y mortal como un tsunami.

Otros fenómenos parecidos son los **meteotsunamis**, oleajes muy fuertes causados por tormentas y huracanes. En el Mediterráneo hay menos mareas que en otros mares, pero existe un fenómeno que se llama *rissaga*, que hace que suba bruscamente el agua del mar en las calas, bahías y puertos.

¡Hay mucha gente a la que le gustan las olas grandes en el mar! Sobre todo, a los **deportistas acuáticos**.

En condiciones seguras (es decir, cuando no hay tsunamis), se pueden aprovechar las **olas fuertes** en playas larguísimas para hacer **surf** o **bodysurf**, que es como el surf, pero con el cuerpo, ¡sin tabla! Desde la Antigüedad, culturas como la inca o la polinesia ya lo practicaban.

¡A MÍ ME ENCANTAN LAS OLAS!

¡Y A MÍ, Y A MÍ! ¡AUNQUE SEAN TRES VECES MÁS ALTAS QUE YO!

EN LOS TSUNAMIS PUEDE HABER A LA VEZ OLAS GIGANTESCAS Y OLAS NORMALES, **UNAS ENCIMA DE OTRAS.**

Los cuatro amigos, con unas **tablas holográficas** que había generado el ordenador, ¡se pusieron también a hacer surf durante el maremoto! Claro, ellos no podían ahogarse en el tsunami porque los estaba ayudando **el superordenador**, ¡qué morro! Sin embargo, el cielo se oscurecía: la nube de humo y cenizas que había salido del volcán cada vez era más negra, como un nubarrón de tormenta... ¿Y empezaron a ver rayos y oír truenos?

EN EL AÑO 2011, EN JAPÓN, UN TSUNAMI PROVOCÓ UN DESASTRE RADIACTIVO ¡PORQUE INUNDÓ UNA CENTRAL NUCLEAR!

# ¡QUE VIENE LA TORMENTA!

Cuando un volcán en erupción **escupe mucha ceniza y gases** al aire, se convierten en una nube que puede dar lugar a... ¡una **tormenta volcánica**!

En las tormentas normales, los rayos se producen porque trocitos diminutos de hielo chocan entre sí y crean chispas. En las volcánicas, lo que chocan son cenizas y polvo, ¡puaj!

¡VENID TODOS! ¡CORRED!

EN LAS TORMENTAS VOLCÁNICAS PUEDE HABER TRUENOS Y RELÁMPAGOS, **¡E INCLUSO GRANIZO!**

No se deben confundir con las **nubes ardientes**, o **flujos piroclásticos**, que son corrientes de gas y rocas pulverizadas que los volcanes lanzan ladera abajo, como en la erupción del Vesuvio en Pompeya. ¡Pueden estar más calientes que el hierro fundido y viajar tan deprisa como un avión en pleno vuelo! Por eso **son mortales**.

ESTAS «TORMENTAS SUCIAS» TAMBIÉN PUEDEN OCURRIR EN EL HUMO DE UN INCENDIO, HACIÉNDOLO AÚN MÁS PELIGROSO.

## LA GRAN NUBE DEL EYJAFJALLAJÖKULL

En 2010, este volcán con un nombre impronunciable de Islandia soltó tanto humo que **en Europa no pudieron volar aviones durante dos meses**.

**Hubo tormentas volcánicas con relámpagos** y llovió ceniza hasta en Inglaterra.

**La atmósfera acabó más limpia que antes...** ¡porque no la contaminaron los aviones!

Las tormentas normales a veces no son nada normales. Pueden llegar a ser extremadamente violentas, provocar vientos fortísimos que levantan casas, lluvias tan intensas que lo inundan todo, relámpagos que caen sobre un bosque y lo incendian, ¡e incluso tornados!

Para saber cómo se crea una tormenta, lo primero es entender que las nubes son gotitas minúsculas de agua que se juntan y flotan en el aire.

¿CÓMO LLEGAN LAS GOTAS DE AGUA AHÍ?

VALE, ASÍ SE FORMAN LAS TORMENTAS VOLCÁNICAS... ¿PERO LAS NORMALES?

LA TORMENTA MÁS GRANDE QUE CONOCEMOS ESTÁ EN JÚPITER: SE LLAMA LA GRAN MANCHA ROJA ¡Y ES DOS VECES MAYOR QUE NUESTRO PLANETA!

Efectivamente, el vapor de agua sube hasta la atmósfera y allí se vuelve a condensar en forma de gotas porque hace mucho frío. Pero son gotas tan pequeñas que pesan menos que el aire, así que se quedan allí flotando en forma de nube. Cuando se acumulan muchas, las gotas crecen ¡y caen al suelo! Eso es la lluvia, que llega a los ríos, mares... ¡y vuelta a empezar!

¡SE EVAPORAN DEL MAR CON EL CALOR DEL SOL! ¿A QUE SÍ?

ESTE PROCESO SE LLAMA CICLO DEL AGUA.

39

La formación de tormentas depende de factores como la **presión atmosférica**, que es la presión que hace el peso del aire sobre las personas y las cosas que hay debajo.

Las **tormentas tropicales** son las más fuertes y devastadoras: se forman en los trópicos, alrededor del ecuador,

CUANDO HAY BAJAS PRESIONES SE DICE QUE HAY BORRASCA, CON NUBES, VIENTO Y LLUVIA; **CUANDO HAY ALTAS PRESIONES APARECE UN ANTICICLÓN Y ESTÁ SOLEADO.**

¿SE LLAMA ANTICICLÓN PORQUE ES LO CONTRARIO A UN CICLÓN?

¡PESA MUCHOOO!

y se generan por las **nubes supergigantes** que giran sobre sí mismas, alrededor de un «ojo» que se queda quieto.

Son tan peligrosas porque en el trópico hace demasiado calor y el agua del mar se evapora mucho más, y eso alimenta las tormentas y las hace crecer y crecer...

«HURACÁN», «TIFÓN» Y «CICLÓN» SIGNIFICAN LO MISMO, SOLO CAMBIA LA MANERA DE LLAMARLO EN LOS DISTINTOS LUGARES.

## EL HURACÁN KATRINA

Arrasó la ciudad de Nueva Orleans y toda la costa sur de Estados Unidos **en 2004**.

**Hubo vientos de 280 km/h,** ¡tan rápidos como un tren de alta velocidad!

Generó muchísimo daño porque **no avisaron bien a la gente ni protegieron las ciudades.**

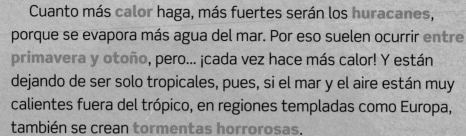

Cuanto más **calor** haga, más fuertes serán los **huracanes**, porque se evapora más agua del mar. Por eso suelen ocurrir **entre primavera y otoño**, pero... ¡cada vez hace más calor! Y están dejando de ser solo tropicales, pues, si el mar y el aire están muy calientes fuera del trópico, en regiones templadas como Europa, también se crean **tormentas horrorosas**.

¡QUÉ CALOOOR!

LOS HURACANES SE CLASIFICAN EN CATEGORÍAS DEL 1 AL 5 SEGÚN LA FUERZA DEL VIENTO. LA 1 ES LA MÁS DÉBIL, CON VIENTOS DE 120 KM/H.... ¡COMO **LA VELOCIDAD DE UN COCHE EN LA AUTOPISTA!**

42

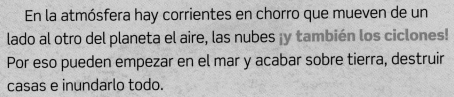

En la atmósfera hay corrientes en chorro que mueven de un lado al otro del planeta el aire, las nubes ¡y también los ciclones! Por eso pueden empezar en el mar y acabar sobre tierra, destruir casas e inundarlo todo.

Giran sobre su eje como **peonzas gigantes**; en el hemisferio sur girarán hacia la izquierda y en el norte hacia la derecha.

A VECES LA GENTE CREE QUE YA HA PASADO LA TORMENTA Y SALE DE SU REFUGIO, PERO EN REALIDAD SOLO ERA EL OJO DEL HURACÁN, ¡Y DESPUÉS VIENE MÁS TORMENTA!

¡ESTO LO SABÍA! SE LLAMA EL EFECTO CORIOLIS.

Los científicos les **ponen nombre a las tormentas** para identificarlas. Empezaron poniéndoles nombres de gente que les caía mal, y luego solo nombres de chica, pero las chicas se quejaron, ¡y con razón! Ahora hay un sistema que cambia entre **nombres de chico y chica**, de la letra A a la Z, cada año.

¡JOOO, YO TAMBIÉN QUIERO SER UN HURACÁN!

¡PERO SI TÚ YA ERES EL MAR, BOBA!

NO HA HABIDO NINGUNA «TORMENTA ALEJO» NI «TORMENTA MAR», PERO SÍ UN CICLÓN BRUNO EN 1981 EN AUSTRALIA Y **UN CICLÓN TEODORA EN 1994 EN LAS ISLAS FIYI.**

EN EL OCÉANO ATLÁNTICO LOS LLAMAN HURACANES; EN LA ZONA DE JAPÓN Y FILIPINAS, TIFONES.

El primer paso para su formación es una «depresión tropical». Si crece y se fortalece, pasa a ser **tormenta tropical**. Y, al entrar en la categoría 1, se convierte en **ciclón**.

## EL TIFÓN TIP, EL MÁS TOCHO DEL MUNDO

**Ocurrió en 1979**, en Japón, y es el más grande e intenso jamás registrado.

Llegó a tener **vientos de 305 km/h**, ¡derribaba muros de piedra!

De lado a lado **medía más de dos mil kilómetros**, tanto como si vamos de Galicia a Noruega en línea recta.

# TORNADOS

Bruna, Teo, Mar y Alejo estaban en el ojo de la tormenta. **¡Qué miedo!** Los vientos huracanados giraban a su alrededor, aunque ellos se mantenían a salvo. Pero ¿sabéis que, si hubiera sido un tornado, en vez de **un huracán**, no habrían estado seguros ni siquiera en el centro? ¿Y que muchas tormentas vienen en compañía de **tornados**? ¡Mejor solas que mal acompañadas!

Un tornado es un **tubo de aire que gira muy rápido** y con mucha violencia, desde una nube hasta el suelo. Son menores que

¡SE ACERCA UN TORNADO! ¡CORREEED!

¡LOS TORNADOS NO SOLO SON LA PARTE QUE VEMOS! HAY TODO UN CÍRCULO INVISIBLE DE AIRE ALREDEDOR **QUE TAMBIÉN GIRA Y ES MUY PELIGROSO.**

los huracanes y los ciclones, pero más fuertes, porque la **intensidad** está concentrada en un punto más pequeño. Absorben el aire de alrededor y lo chupan hacia arriba: imaginad el desagüe de la ducha pero al revés, hacia el cielo.

Para protegerte de un tornado, lo mejor es ir **tan abajo como puedas**: al sótano, o si estás fuera, pegarte contra el suelo, y refugiarte del viento.

SE CREE QUE LA PALABRA «TORNADO» VIENE DE «TRONADA», QUE SIGNIFICA «TORMENTA CON TRUENOS».

Los tornados se clasifican en una **escala** que va **de F0 a F5, de débil a fuerte**. Los más intensos, de categoría cinco, lo destruyen absolutamente todo a su paso: pueden tener vientos de hasta 500 km/h y ¡un kilómetro de ancho!

La estructura de la nube de la que sale el tornado es como un **cono o embudo**, formado por las gotitas

OJO: LA ANCHURA DEL TORNADO NO SE REFIERE SOLO A LA ESPIRAL VISIBLE, **SINO A TODO EL VIENTO DESTRUCTOR A SU ALREDEDOR.**

PERO SOLO HAY EN ESTADOS UNIDOS, ¿VERDAD? ¡¿VERDAD...?!

UN TERCIO DE LOS TORNADOS DEL MUNDO OCURREN EN ESTADOS UNIDOS, PERO PUEDEN PASAR EN CUALQUIER SITIO.

## EL TORNADO DE MADRID DE 1886

📍 Un tornado fortísimo recorrió la ciudad, **entrando por el sudoeste**.

⚡ Arrancó los árboles del Jardín Botánico y del Retiro, derribó casas de los barrios más pobres, **lanzó volando las campanas de las iglesias**, tiró tranvías fuera de las vías...

de agua y por el polvo, tierra y objetos que arrastra el viento. Por eso son **tan peligrosos**: no solo te mandan a ti volando, sino también otras cosas, y te pueden caer encima o puedes chocar con ellas.

¡Hay muchos tipos de tornados! En la península ibérica, unos de los más comunes son las **mangas de agua** o **trombas marinas**. Como su propio nombre indica, ocurren sobre el mar.

Suelen ser mucho **más leves**, un F0 en la escala. Solo se ven porque están encima del mar y chupan el agua hacia arriba; si estuvieran en medio del bosque, no se verían. Así, son parecidos a los **torbellinos de arena**, que levantan polvo y algunos objetos

EL MAR Y LAS CAMISETAS, ¡MEJOR SIN MANGAS!

NO CONFUNDIRLOS CON LOS REMOLINOS ACUÁTICOS, QUE SON CORRIENTES DE AGUA GIRATORIAS QUE PUEDEN ¡¡INCLUSO TRAGARSE BARCOS!

ligeros, pero no son tan peligrosos porque no pueden levantar a personas ni destruir edificios.

¡PUEDEN MEDIR HASTA UN KILÓMETRO DE ALTO Y ARRANCAR ÁRBOLES DE 15 METROS DE CUAJO!

TORNADO DE AIRE, TORNADO DE AGUA, TORNADO DE TIERRA... ¡SOLO FALTA UN TORNADO DE FUEGO!

En efecto, ¡existen! Los **tornados de fuego** se pueden formar en los grandes incendios forestales y en erupciones volcánicas, cuando **todo está ardiendo** y hace tanto calor y viento que el aire sube hacia las nubes en forma de espiral.

# PRECIPITACIONES EXTREMAS

De todas estas nubes de tormenta, puede caer (o precipitarse) lluvia, granizo e incluso nieve. Pero ¿y cuando la lluvia es **extrema**? La llamamos **lluvia torrencial**, y puede ser tan violenta que destruya lo que pille, causando **inundaciones y crecidas de ríos**.

En el Mediterráneo tenemos la **gota fría**, que suele venir en otoño. Cuando llega, de repente, inunda las calles y desborda los ríos.

¿VES, BRUNA? ¡NO SERÍA UN TSUNAMI LO QUE VISTE, SINO ESO!

CUANDO LAS NUBES CARGADAS DE AGUA CHOCAN CONTRA UNA MONTAÑA, SUBEN Y SE ENFRÍAN MUY RÁPIDO, **¡Y DESCARGAN TODA LA LLUVIA!**

SU NOMBRE CORRECTO ES DANA, O DEPRESIÓN AISLADA EN NIVELES ALTOS.

Hay muchos ríos que están secos la mayor parte del año en la península ibérica: se llaman **ramblas**, **barrancos**, **rieras** o **uadis**. Como solo se llenan con las lluvias torrenciales, muchas ciudades se han ido construyendo alrededor... ¡Por eso se inundan!

## EL MONZÓN

Son unas lluvias fortísimas que caen en la India **en verano**.

El aire caliente y húmedo **choca contra el Himalaya**, las montañas más altas del mundo, ¡y llueve a lo bestia!

**¿Es bueno o malo?** Lo inunda todo, pero sin él no tendrían cultivos ni comida.

BAJO LA TIERRA HAY ACUÍFEROS, QUE SON DEPÓSITOS NATURALES QUE ALMACENAN EL AGUA. ¡NO TODA SE VA AL MAR POR LOS RÍOS!

¡Cuidado con lo que deseamos! Los **desastres naturales** y fenómenos meteorológicos extremos no dejan de ser eso, desastres; ponen en peligro a la gente, a la naturaleza...

Las **inundaciones** no son tsunamis, pero también pueden ser muy peligrosas. Cuando llueve de golpe después de una **sequía** prolongada, el suelo está tan seco que no puede absorberla.

ENTONCES... ¿EL TSUNAMI DEL RÍO ERA EN REALIDAD UNA RAMBLA DESBORDADA?

Y EL DE VIGO ERA UNA MAREA VIVA... ¡YO QUERÍA TSUNAMIS!

Las **ciudades** también **se inundan** más porque el asfalto y el hormigón no dejan que el agua de la lluvia pase a las aguas subterráneas, sino que **se acumula** encima.

¿No os habéis dado cuenta de que cada vez llueve y nieva menos? Y, cuando lo hace, es torrencial y causa inundaciones. Los veranos son más calurosos; las **olas de calor**, más frecuentes y largas...

HAY EMPRESAS QUE ABUSAN DE LOS ACUÍFEROS PARA REGAR CULTIVOS QUE NO CRECERÍAN DE OTRA MANERA SIN MUCHÍSIMA AGUA, Y OTRAS LOS CONTAMINAN.

¿POR QUÉ PASA ESO?

¡ES EL CAMBIO CLIMÁTICO!

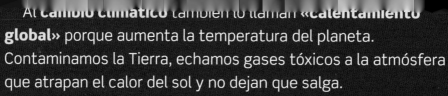

Al **cambio climático** también lo llaman «**calentamiento global**» porque aumenta la temperatura del planeta. Contaminamos la Tierra, echamos gases tóxicos a la atmósfera que atrapan el calor del sol y no dejan que salga.

**Sube la temperatura del aire, la tierra y el agua.**
¿Recordamos qué pasa cuando el agua está muy caliente? Se evapora. Si la tierra también está caliente, no llueve; y, si está fría, llueve torrencialmente.

¡MÁS CALOR, NO!
¡QUE YO YA ME ASO
EN VERANO!

MI MADRE AYUDA, VA EN
METRO AL TRABAJO Y ASÍ
NO USA EL COCHE.

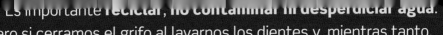

Es importante **reciclar, no contaminar ni desperdiciar agua**. Pero si cerramos el grifo al lavarnos los dientes y, mientras tanto, se tiran toneladas de basura al mar y se utilizan indiscriminadamente medios de transporte contaminantes, ¡no sirve! Es un **problema colectivo**, de todos. ¡Y la solución también!

Podemos poner nuestro granito de arena ahorrando agua e intentando que el sistema cambie: ¡que las personas dejen de hacerse más ricas a costa del planeta!

VALE, PERO ADEMÁS ¡HAY QUE CAMBIAR EL SISTEMA!

SON GASES DE EFECTO INVERNADERO: SE PRODUCEN AL TALAR ÁRBOLES, QUEMAR CARBÓN O GASOLINA PARA FABRICAR COSAS O VIAJAR.

¿QUÉ PODEMOS HACER?

¡Los fenómenos naturales son cada vez **más extremos**! Si os fijáis, hace **solazo** en invierno, hay **heladas** tochísimas que se cargan las flores y las frutas de los campos cuando ya es

primavera. Y los **incendios** forestales devoran los bosques, ¡no solo en verano! Cuantos más incendios hay, menos árboles y plantas quedan para absorber el agua de las **lluvias torrenciales**, y más inundaciones...

¡POR LO MENOS EN TU PUEBLO LA INUNDACIÓN NO FUE TAN GRANDE COMO ESA!

ADEMÁS, SI SE SECAN, ¡NOS QUEDAMOS SIN AGUA PARA BEBER Y PARA QUE CREZCAN LAS PLANTAS! ¡ES UN CÍRCULO VICIOSO!

## LAS RIADAS DEL VALLÈS DE 1962

Tras una larga sequía, en Barcelona llovió tantísimo que desbordó **los ríos Llobregat y Besòs**.

**Fue el desastre natural más grave** de la península en el pasado siglo.

**El agua provocó una tragedia** arrasando ciudades y pueblos, casas y fábricas, a personas y animales.

Si no queremos que los ríos se sequen o el agua torrencial provoque graves inundaciones porque los millonarios se han cargado el planeta, **¡hay que hacer algo!**

Como la duda había quedado resuelta, el superordenador los devolvió al mundo real, al patio del colegio. ¿Y ahora qué?

# Fin

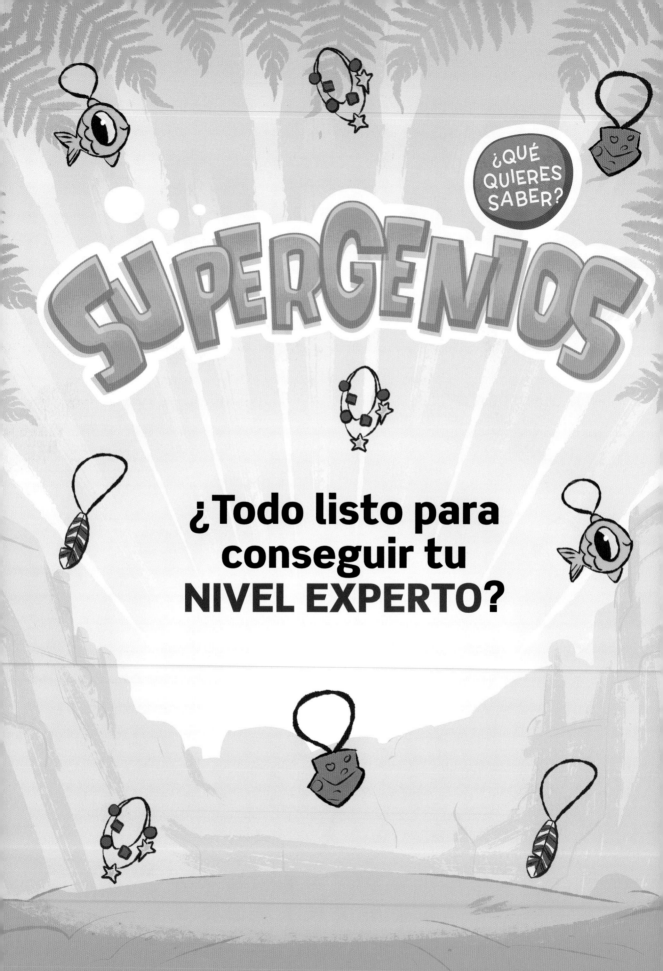

ILUSTRACIONES DE JUANJE INFANTE · H.M. ZUBIETA

¿QUÉ QUIERES SABER?

SUPERGENIOS

LOS DINOSAURIOS Y LA PREHISTORIA

LA BOCA DEL TRICERATOPS ERA COMO EL PICO DE UN LORO.

LAS PRIMERAS OBRAS DE ARTE LAS HICIERON LOS NEANDERTALES.

ALFAGUARA

ILUSTRACIONES DE JUANJE INFANTE · H.M. ZUBIETA

¿QUÉ QUIERES SABER?

SUPERGENIOS

EL CUERPO HUMANO

EL ÁCIDO DE TU ESTÓMAGO PUEDE DESINTEGRAR EL METAL.

¡LOS OJOS SON PARTE DE TU CEREBRO!

ALFAGUARA

ILUSTRACIONES DE JUANJE INFANTE · H.M. ZUBIETA

¿QUÉ QUIERES SABER?

SUPERGENIOS

VOLCANES, TORNADOS Y TSUNAMIS

EL VOLCÁN MÁS ALTO DEL SISTEMA SOLAR ¡ESTÁ EN MARTE!

LOS TORNADOS PUEDEN ALCANZAR LOS 400 KM POR HORA

EL MAYOR MAREMOTO DEL MUNDO SE PRODUJO EN ALASKA

ALFAGUARA